RECETA DE ENSALADA DE FRUTAS

100 recetas nutritivas de ensaladas de frutas para que todos mejoren su salud

SANCHA FERNANDEZ

© COPYRIGHT 2021 TODOS LOS DERECHOS RESERVADOS

Este documento está orientado a brindar información exacta y confiable sobre el tema y el tema tratado. La publicación se vende con la idea de que el editor no está obligado a prestar servicios contables, oficialmente permitidos o calificados de otro modo. Si es necesario el asesoramiento, legal o profesional, se debe ordenar a un individuo practicante en la profesión.

De ninguna manera es legal reproducir, duplicar o transmitir cualquier parte de este documento en medios electrónicos o en formato impreso. Está estrictamente prohibido grabar esta publicación y no se permite el almacenamiento de este documento a menos que cuente con el permiso por escrito del editor. Reservados todos los derechos.

Descargo de responsabilidad de advertencia, la información en este libro es verdadera y completa según nuestro leal saber y entender. Toda recomendación se hace sin garantía por parte del autor o publicación de la historia. El autor y el editor renuncian y asumen responsabilidad en relación con el uso de esta información.

Tabla de contenido

INTRODUCCIÓN..8

RECETAS DE ENSALADA DE FRUTAS........................11

1. Ensalada de frutas con pollo y cuscús 11
2. Ensalada de frutas tibia..13
3. Ensalada de frutas...15
4. Ensalada de frutas con espárragos verdes 16
5. Ensalada de frutas con crema de coco 18
6. Ensalada de frutas Simone.......................................20
7. Ensalada de frutas con miel 22
8. Arroz con fresas en ensalada de frutas 24
9. Ensalada de frutas con aguacate y yogur...............25
10. Ensalada de frutas con fresas, melón y mozzarella 27
11. Ensalada de frutas en vaso con helado y galletas de mantequilla 29
12. Ensalada de frutas con melón, arándanos y queso de oveja.. 31
13. Ensalada de frutas con aguacate, frambuesas y nueces..33
14. Ensalada de frutas a la plancha con fresas, piña, higos y pomelo 35
15. Ensalada de frutas al horno con chupito...............37

16. Ensalada de frutas tropicales con piña colada 39
17. Ensalada de frutas al horno 41
18. Ensalada de frutas de achicoria 43
19. Ensalada de kiwi 45
20. ensalada de fideos con frutas 47
21. Ensalada de kiwi dorado con piña y yogur 49
22. Paletas de frutas 51
23. Ensalada de pomelo mandarina flambeada 53
24. Tazón hecho con masa para galletas 56
25. Croquetas de castañas dulces 58
26. Ensalada de frutas con crema de vainilla y bizcochos de mineral 60
27. Ensalada de frutas con licor 62
28. Ensalada de frutas con canela 63
29. ensalada de frutas 65
30. Ensalada de frutas exóticas 66
31. Ensalada de frutas con helado de vainilla 67
32. Ensalada de frutas con patada 69
33. Ensalada de frutas con pasas al ron 71
34. Ensalada de frutas con gorro de yogur 73
35. Ensalada de frutas con yogur 75
36. Ensalada de frutas con camembert 76

37. Ensalada de frutas con semillas de girasol 78

38. Ensalada de frutas con salsa de yogur 80

39. Ensalada de frutas con salsa de yogur de vainilla 82

40. Ensalada de frutas rápida 84

41. Fruta tropical y ensalada de frutas con un toque 86

42. Ensalada de frutas colorida 88

43. Crema de yogur de cuajada con macedonia de frutas 90

44. Ensalada de frutas sin azúcar 92

45. Ensalada de frutas sencilla 94

46. Ensalada de frutas vegana 96

47. Ensalada de frutas amarillas 97

48. Ensalada de frutas de melón 99

49. Ensalada de kiwi 101

50. Ensalada de frutas de ciruela y piña 103

51. Ensalada de frutas con granada 105

52. Ensalada de frutas con nueces 107

53. Cóctel de frutas frescas 109

54. Ensalada de frutas con menta 110

55. Ensalada De Sandía Y Pera Con Gambas 112

56. Ensalada de naranja y kiwi con hielo 114

57. Compota de cerezas ácidas 116
58. Piña con chupito.. 118
59. Vinagre de flor de saúco..................................... 120
60. Budín de soja con una colorida ensalada de frutas. 121
61. Ensalada de frutas con sandía............................ 123
62. Ensalada de peras y ciruelas 125
63. Ensalada de frutas con salsa de maní................ 127
64. Ensalada de frutas de coco con hielo picado 129
65. Helado con salsa de frijoles y macedonia de frutas 131
66. Ensalada de frutas y queso 133
67. Ensalada de frutas con aderezo de frutas 135
68. Ensalada de frutas al horno con gratinado frío 137
69. Ensalada de frutas con quinoa crujiente............ 139
70. Ensalada de frutas con sirope de chachachá 141
71. Ensalada de frutas con salsa de licor................. 143
72. Ensalada de frutas mediterránea 146
73. Waffles de trigo sarraceno con macedonia de frutas 148
74. Muesli con macedonia de frutas exóticas........... 151
75. Ensalada asiática de frutas con fideos de cristal 153

76. Ensalada de frutas picante...................................155

77. Melón con lichis y piña...156

78. Ensalada de huevo y frutas 158

79. Ensalada de peras y uvas 160

80. Ensalada de frutas con campari.........................162

81. Aderezo agridulce..164

82. Crema de ponche de huevo 165

83. Parfait de uvas azules con ensalada de naranja y uva..167

84. Terrina de queso con nueces...............................169

85. Ensalada de corredor 171

86. Aderezo francés 172

87. Ensalada de arenque afrutado 174

88. Helado con salsa de frijoles y macedonia de frutas 176

89. Arroz con fresas en ensalada de frutas 178

90. Ensalada de frutas con aguacate y yogur 179

91. ensalada de frutas sencilla 181

92. ensalada de frutas tradicional............................183

93. ensalada de frutas cremosa................................185

94. Ensalada de frutas con leche condensada 187

95. Ensalada de frutas con crema agria....................188

96. Ensalada de frutas a juego..................................190

97. Ensalada de frutas gourmet 192

98. Ensalada de frutas con salsa de yogur 194

99. Ensalada de frutas con salsa de yogur de vainilla 196

100. Ensalada de frutas rápida 198

CONCLUSIÓN 200

INTRODUCCIÓN

Las ensaladas de frutas son extremadamente nutritivas. Lanzar varias frutas en un tazón grande puede ser tan simple como eso. No hay nada mejor que eso. He usado esta ensalada como un plato rápido para llevar a una comida compartida o como un regalo para llevar contigo cuando eres un invitado a cenar. Es un plato muy versátil que cualquiera puede comer, ¡y es especialmente bueno para los vegetarianos!

Las ensaladas en general pueden tener un impacto positivo en la salud. Sin embargo, al incluir estas golosinas como parte regular de la dieta, las personas pueden mejorar significativamente la calidad de la salud de sus dietas. Las ensaladas de frutas se pueden preparar con cualquier tipo de fruta y brindan una forma sabrosa y saludable de promover un estilo de vida más saludable.

Una de las razones por las que la gente debería comer más de este tipo de ensalada es para perder peso. Además, las personas ganan energía cuando consumen la cantidad recomendada de frutas. Esta energía extra puede ayudar a motivar a una persona a hacer ejercicio con más frecuencia. Cuando se combinan con ejercicio, las ensaladas de frutas pueden reducir el almacenamiento de grasa no saludable en el cuerpo.

Las personas pueden reducir sus niveles sanguíneos de sodio y colesterol dañinos al incluir estas ensaladas en su dieta. Tanto el sodio como el colesterol se han relacionado con riesgos para la salud cuando se consumen en grandes cantidades durante un período prolongado. Por lo tanto, consumir ensaladas de frutas es una forma de controlar los niveles de sodio y colesterol.

Las ensaladas de frutas son una excelente manera de promover la salud del corazón. El aumento de la energía, el ejercicio y el colesterol más bajo son medidas preventivas para las enfermedades del corazón. Las ensaladas de frutas también pueden ayudar a prevenir el desarrollo de varios tipos de células cancerosas en el cuerpo. Las enfermedades cardíacas y el cáncer son los principales problemas de salud que enfrentan los estadounidenses en la actualidad y se pueden evitar comiendo ensaladas de frutas.

RECETAS DE ENSALADA DE FRUTAS

1. Ensalada de frutas con pollo y cuscús

Ingredientes para 4 porciones

- 200 g de cuscús
- 1 cebolla roja finamente picada
- 250 g de pechuga de pollo
- 1 mantequilla
- 2 miel
- 0,5 cucharaditas de comino mixto
- 0,5 cucharaditas de cardamomo

- 150 ml de yogur magro
- 100 g de nueces picadas gruesas
- 1 dosis de trozos de durazno
- 1 base de sal

preparación

1. Prepara el cuscús según las instrucciones del paquete. Lave la pechuga de pollo, séquela, sazone con sal y pimienta y córtela en tiras.
2. Calentar la mantequilla y sofreír la cebolla con las tiras de pollo. Escurra los melocotones y córtelos en cubos pequeños.
3. Mezclar el yogur con las especias, la miel, las nueces y el cuscús, la cebolla y las tiras de pollo. Por último, incorpora los trozos de durazno.

2. Ensalada de frutas tibia

Ingredientes para 4 porciones

- 10 piezas de higos secos
- cucharadas de sultanas
- 300 ml de vino blanco
- 1 cucharadita de canela
- 1 chorrito de jugo de limón
- 4 g de azúcar
- 4 manzanas

preparación

1. Ponga las manzanas, los higos y las sultanas con el vino en una cacerola y cubra todo con agua.

2. Agregas la canela, el limón y el azúcar y dejas que se cocine todo junto un rato. Pero, por supuesto, las manzanas aún deben estar firmes al morder.
3. Disponer todo en un bol y disfrutar.

3. Ensalada de frutas

Ingredientes para 4 porciones

- 2 piezas de kiwi
- 2 ud naranjas
- 1 pieza mango
- 1 pieza de jengibre (2 cm)
- 2 cucharadas de miel
- 5 cucharadas de jugo de manzana

preparación

1. Pelar y filetear la naranja, pelar el kiwi y el mango y cortarlos en trocitos pequeños.
2. Pela el jengibre, córtalo en cubos pequeños y fríelo con la miel en una sartén durante unos minutos. Desglasar con jugo de manzana y

verter sobre la fruta. Déjalo reposar brevemente.

4. Ensalada de frutas con espárragos verdes

Ingredientes para 2 porciones

- 5 piezas de espárragos verdes (palos finos)
- 4 piezas de fresas
- 1 pieza naranja
- 0.25 piezas de piña
- 1 pieza de kiwi
- 1 pieza de manzana (pequeña)
- 0.5 pieza de plátano
- 1 pieza de limón
- 2 cucharadas de aceite de oliva suave

- 1 pieza de lima (jugo + ralladura para la marinada)
- 1 pieza de naranja (jugo + cáscara para la marinada)
- 1 ramita de toronjil

preparación

1. Lave los espárragos verdes, córtelos por la mitad a lo largo y transversalmente en aprox. 2 centímetros Lava las fresas, quítales el tallo y córtalas en rodajas. Pelar, cortar en cuartos y trocear el kiwi.
2. Pele y corte en cuartos la piña, quite el tallo, corte un cuarto en cubos pequeños, use el resto para otros fines.
3. Pelar y filetear la naranja, recoger el jugo derramado y utilizarlo para el aderezo. Exprime el limón. Lave la manzana, córtela por la mitad, quite el corazón, córtela en gajos e inmediatamente rocíe con la mitad del jugo de limón exprimido (para que no se ponga marrón).
4. Pele el plátano y córtelo en rodajas, también rocíe con el jugo de limón restante.

5. Mezcle un aderezo de jugo de lima y naranja, la cáscara (cada mitad de las dos frutas) y el aceite de oliva.

6. Coloque las frutas preparadas con los espárragos en un tazón y doble cuidadosamente el aderezo. Decorar con hojas de toronjil.

5. Ensalada de frutas con crema de coco

Ingredientes para 4 porciones

- 1 pieza de melón de azúcar
- 2 piezas de plátanos
- 3 piezas de kiwi

- 1 pieza de piña
- 250 ml de nata montada
- 2 cucharadas de azúcar granulada
- 100 ml de leche de coco

preparación

1. Se pelan los plátanos, el melón de azúcar, los kiwis y las piñas y también se deshuesa el melón de azúcar. Luego la fruta se corta en cubos pequeños.
2. La nata montada a punto de nieve con una batidora, el azúcar y la leche de coco se van mezclando poco a poco.
3. Esto crea una crema suave, pero la crema batida no se debe batir demasiado, por un máximo de 2 minutos.
4. Finalmente, la fruta se distribuye en cuencos de postre y se cubre con crema de coco.

6. Ensalada de frutas Simone

Ingredientes para 4 porciones

- 1 pieza de melón dulce
- 1 pieza de kiwi
- 1 pieza de plátano
- 5 piezas de arándanos
- 5 uds de frambuesas
- 3 piezas de fresa

Ingredientes para la marinada

- 1 pieza de limón (jugo)
- 1 cucharada de azúcar
- 1 pizca de jengibre en polvo

preparación

1. Pelar y descorazonar el melón y cortar la pulpa con un cortador de bolas para obtener bonitas bolas de melón. A continuación, pela el kiwi y córtalo en trozos.
2. Lave y escurra los arándanos y las frambuesas, lave las fresas, retire las verduras, córtelas por la mitad o en rodajas. Pelar y trocear el plátano.
3. Ponga todas las frutas en un tazón, mezcle con azúcar, jugo de limón y jengibre en polvo. Dejar marinar por 30 minutos, dividir en copas y servir frío.

7. Ensalada de frutas con miel

Ingredientes para 6 porciones

- 3 piezas de plátanos
- 250 g de fresas
- 100 g de uvas azules sin pepitas
- 100 g de uvas blancas sin semillas
- 2 ud naranjas
- 2 piezas de kiwi
- 1 pieza de manzana
- 1 pieza de pera
- 1 ud limón
- 5 cucharadas de miel

preparación

1. Pele los plátanos, las naranjas y los kiwis, lave las fresas, retire las hojas y corte la fruta en trozos pequeños.
2. Lave las uvas, córtelas por la mitad y agréguelas al resto de la fruta. Cortar las manzanas y las peras en gajos, descorazonar y cortar en cubos pequeños y mezclar con la otra fruta.
3. Marinar con jugo de limón y miel.

8. Arroz con fresas en ensalada de frutas

Ingredientes para 2 porciones

- 500 g de fruta fresca (al gusto)
- 0.5 tazas de crema batida
- 3 cucharadas de fresas Mövenpick
- 5 gotas de jugo de limón

preparación

1. Lave, pele y corte en dados la fruta, colóquela en un plato y rocíe con jugo de limón.
2. Pon el helado de fresa sobre la ensalada de frutas.

3. Adorne con crema batida y conos de helado.

9. Ensalada de frutas con aguacate y yogur

ingredientes

- 1 manzana
- 1 aguacate
- 1/2 mango
- 40 g de fresas
- 1/2 limón
- 1 cucharada de miel
- 125 g de yogur natural
- 2-3 cucharadas de rodajas de almendras

preparación

1. En primer lugar, para la ensalada de frutas con aguacate y yogur, lava la manzana y quítale el corazón y córtala en dados. Luego, quita el corazón del aguacate y el mango y córtalos también en cubos. Lava las fresas y córtalas por la mitad. Finalmente, abre el limón y extrae el jugo por la mitad.
2. Mezclar bien el yogur natural y la miel. Vierta los ingredientes cortados en un tazón más grande y agregue la mezcla de miel y yogur. La ensalada de frutas con aguacate y yogur, espolvorear con almendras y servir.

10. Ensalada de frutas con fresas, melón y mozzarella

ingredientes

- 1/2 melón dulce
- 1/4 de sandía
- 250 g de fresas
- 2 paquetes de mini mozzarella
- 1/2 manojo de menta
- 1/2 manojo de albahaca
- 1 naranja
- algunos jarabes de arce

preparación

1. Para la ensalada de frutas con fresas, melón y mozzarella, primero quita la piel y las

pepitas de los melones y corta la pulpa en dados. A continuación, lava las fresas, quita el verde y corta las fresas por la mitad a lo largo. A continuación, arrancar la menta y la albahaca. Picar finamente la menta. Escurrir bien las bolas de mozzarella.
2. Exprima el jugo de naranja y mezcle con un poco de jarabe de arce.
3. Mezcle todos los ingredientes excepto la albahaca en un tazón grande.
4. Porcionar la ensalada de frutas con fresas, melón y mozzarella y servir adornado con albahaca.

11. Ensalada de frutas en vaso con helado y galletas de mantequilla

ingredientes

- 200 g de frambuesas
- 4 helado de vainilla
- 2 frutas de la pasión
- 15 galletas de mantequilla
- 1 cucharadita de azúcar en polvo
- 10 hojas de menta

preparación

1. Rompa las galletas de mantequilla en trozos grandes para la ensalada de frutas en el vaso con hielo y reparta entre 4 vasos. Mezclar

las frambuesas con la pulpa de maracuyá y el azúcar glas.
2. Coloque una bola de helado de vainilla encima de la manteca y decore la ensalada de frutas en el vaso con las frambuesas y un poco de menta.

12. Ensalada de frutas con melón, arándanos y queso de oveja

ingredientes

- 1/4 de sandía
- 1/4 melón dulce
- 1/4 melón de azúcar
- 100 g de arándanos
- 5 granos de café (molidos)
- 100 g de queso de oveja (o queso de cabra)
- 10 hojas de menta
- 1 cucharada de miel

preparación

1. Pele los melones para la ensalada de frutas con melón, arándanos y queso de oveja y córtelos en cubos grandes.
2. Mezclar con los arándanos y esparcir en un plato.
3. Extienda el café molido sobre los melones. Cortar el queso en tiras finas y colocar sobre la ensalada de melón.
4. La macedonia de frutas se rocía con un poco de miel y se decora con menta.

13. Ensalada de frutas con aguacate,

frambuesas y nueces

ingredientes

- 2 aguacates
- 150 ml de nata montada
- 1/4 limón (jugo)
- 50 gramos de azúcar
- 200 g de frambuesas
- 2 cucharadas de mezcla de nueces mixtas
- 2 limas
- 1 cucharada de azúcar glas

preparación

1. Pele y descorazone el aguacate y las frambuesas para la ensalada de frutas con aguacate y córtelos en cubos pequeños.
2. Triture junto con el jugo de limón y el azúcar. Bate la crema batida hasta que esté firme y agrega los aguacates.
3. Pelar las limas y cortar la pulpa entre las membranas de separación blancas. Mezclar con las frambuesas lavadas y el azúcar glas.
4. Divida entre cuatro vasos y espolvoree con la mezcla de frutos secos picados en trozos grandes.
5. La macedonia de frutas con crema de aguacate y unas frambuesas de guarnición.

14. Ensalada de frutas a la plancha con fresas, piña, higos y pomelo

ingredientes

- 2 higos
- 4 fresas
- 2 ciruelas (amarillas, tirabuzones)
- 1 mandarina
- 1 toronja rubí
- 1/4 piña
- 1 cucharadita de azúcar en polvo
- 1 cucharada de jugo de limón
- 2 cucharadas de pistachos (picados)
- 3 cucharadas de aceite de semilla de uva

preparación

1. Para la ensalada de frutas a la parrilla, prepare primero el aderezo. Luego, mezcle el azúcar en polvo, el jugo de limón, el aceite de semilla de uva y los pistachos.
2. Reducir a la mitad las fresas y los higos. Cortar la piña en gajos finos y la fruta restante en trozos grandes.
3. Pincelar toda la fruta con un poco de aceite de semilla de uva.
4. Ase la fruta en una parrilla o por todos lados hasta que la fruta adquiera un bonito color oscuro.
5. Luego coloque la fruta en un plato y rocíe con el aderezo.
6. Sirva la ensalada de frutas a la parrilla mientras aún está caliente.

15. Ensalada de frutas al horno con chupito

ingredientes

- 1 durazno
- 1 manzana
- 1/4 piña
- 1 plátano
- 20 g de uvas
- 20 g de frambuesas
- 1/2 naranja (jugo)
- 1/2 limón
- 1 vaina de vainilla (pulpa)
- 4 huevos
- 1 cucharada de miel

- 2 cucharadas de ron
- 1 cucharada de licor de naranja

preparación

1. Para la ensalada de frutas gratinadas con chupito, primero prepara la fruta. Para ello, lava el melocotón y la manzana, quita el hueso y córtalos en cubos. A continuación, pela la piña, quítale el tallo y córtala en dados, quita la piel al plátano y córtalo en rodajas. A continuación, lava las uvas y las frambuesas, corta la naranja y el limón por la mitad y exprime. Por último, corta la vaina de vainilla a lo largo y raspa la pulpa.
2. Mezcla las yemas con la miel, la pulpa de vainilla, el ron, el licor de naranja y el jugo de naranja y limón. Batir las claras de huevo a nieve firme e incorporar a la mezcla de yema de huevo. Rellenar la fruta cortada en moldes refractarios pequeños, cubrir con la masa de nieve y hornear a 180 grados (convección) durante unos 10 minutos.
3. Deje que la ensalada de frutas gratinadas se enfríe brevemente y sirva.

16. Ensalada de frutas tropicales con piña colada

ingredientes

- 1/2 piña
- 1 plátano
- 1 manzana
- 1/2 melón de azúcar (alternativamente melón dulce)
- 50 ml de leche de coco (de la lata)
- 30 ml de jugo de piña
- 2-3 cucharadas de licor de coco
- 2-3 cucharadas de coco deshidratado
- 1 trago de ron (blanco)

preparación

1. Primero, prepara todos los ingredientes para la ensalada de frutas tropical con piña colada. Pelar la piña, quitar el tallo y cortar en cubos. A continuación, pele y corte el plátano, lave la manzana, retire el corazón y corte en dados. Por último, quita el corazón del melón, quítale la piel y las semillas y córtalo en trozos pequeños.
2. Mezcla la leche de coco con el jugo de limón y piña, el licor de coco, el coco deshidratado y un chorrito de ron.
3. Coloca los trozos de fruta cortados en un tazón más grande, agrega la mezcla de piña colada y revuelve bien. Divida la ensalada de frutas de piña colada tropical en tazones pequeños y sirva.

17. Ensalada de frutas al horno

ingredientes

- 1 durazno
- 1/4 piña
- 20 frambuesas
- 1 mandarina
- 10 fisalis
- 2 manzanas
- 1 cucharadita de miel
- 1 vaina de vainilla (pulpa)
- 4 claras de huevo
- 100 g de azúcar

preparación

1. Para la macedonia de frutas al horno, batir las claras de huevo con el azúcar a nieve firme.
2. Cortar la fruta en cubos pequeños y mezclar con la miel y la pulpa de vainilla. Divida en cuatro formas de tarta y extienda las claras de huevo encima.
3. Hornear a 120°C durante unos 60 minutos.
4. Saque la ensalada de frutas horneada del horno, déjela enfriar brevemente y sirva de inmediato.

18. Ensalada de frutas de achicoria

ingredientes

- 500 g de achicoria
- 200 g de pechuga de pavo (ahumada)
- 4 piezas de naranja
- 3 piezas de plátanos
- 150 g brunch hierbas légère
- 150 g de yogur
- 2-3 cucharadas de jugo de limón
- sal
- Pimienta (blanca)
- azúcar
- 40 g de nueces

preparación

1. Para la ensalada de frutas de achicoria, lave la achicoria, séquela y córtela por la mitad. Corta las puntas superiores de las hojas, corta el tallo en forma de cuña y córtalo en rodajas finas. Cortar la pechuga de pavo en tiras finas y mezclar con la achicoria.
2. Pele 3 naranjas lo suficientemente gruesas para quitarles la piel blanca, corte los filetes de fruta y agréguelos a la achicoria, recogiendo el jugo. A continuación, pela y trocea los plátanos y mézclalos con la macedonia de achicoria.
3. Exprime la última naranja. Revuelva el brunch y el yogur hasta que quede suave, mezcle con jugo de naranja y limón. Sazone al gusto con sal, pimienta y azúcar.
4. Vierta el aderezo sobre la ensalada de frutas de achicoria. Picar las nueces en trozos grandes y espolvorear sobre ellas. Enfriar durante aproximadamente 1 hora antes de servir.

19. Ensalada de kiwi

ingredientes

- 4 piezas de kiwi
- 500 g de uvas (en mitades)
- 4 peras
- 8 cucharadas de miel
- 1 pieza de limón (jugo)
- unas hojas de menta

preparación

1. Para la ensalada de kiwi, pela los kiwis, córtalos por la mitad y córtalos en rodajas. A continuación, lava las uvas, córtalas por la

mitad y quita las semillas. Por último, pela las peras, córtalas por la mitad, quita la tripa y córtalas también en rodajas.
2. Mezcle suavemente las frutas.
3. Revuelva el jugo de limón en la miel y viértalo sobre la ensalada de frutas. Decorar con unas hojas de menta.

20. ensalada de fideos con frutas

ingredientes

- 250-300 g de pasta (p. ej. fusilli)
- 120 g de arándanos
- 150 g de uvas (sin pepitas)
- 1 manzana (agria)
- 1 nectarina (alternativamente melocotón)
- 1 plátano
- 1 vaina de vainilla (pulpa)
- 1/2 limón (jugo)
- 5-6 hojas de menta (frescas)
- 1 pizca de canela (molida)
- 1 cucharada de miel

preparación

1. Para la ensalada de pasta con frutas, primero hierva el agua en una cacerola grande, agregue sal y cocine la pasta (por ejemplo, penne) hasta que esté al dente.
2. Mientras tanto, prepare los ingredientes restantes para la ensalada. Lave los arándanos, las uvas, las manzanas y la nectarina y séquelos. Cortar las uvas por la mitad, descorazonar y trocear las nectarinas y la manzana. Pelar y trocear el plátano. Corta la vaina de vainilla a lo largo, raspa la pulpa, corta el limón por la mitad y exprime. Arrancar las hojas de menta de los tallos y picar finamente.
3. Colar la pasta cocida, enjuagar y dejar enfriar un poco. Luego, mezcle la pasta con la fruta, la pulpa de vainilla, la canela, el jugo de limón, la menta y una cucharada de miel en un recipiente más grande. La ensalada de pasta afrutada se puede servir inmediatamente.

21. Ensalada de kiwi dorado con piña y yogur

ingredientes

Para la ensalada:

- 1 piña (pelada, sin tallo, cortada en barras)
- 3 kiwis dorados (pelados, cortados en gajos)
- 60 g de nueces de Brasil (picadas en trozos grandes)

Para el aderezo:

- 200 g de yogur (griego)
- 3 cucharadas de aceite de oliva
- 1/2 limón (jugo y ralladura)
- sal marina
- Pimienta (del molino)

- Tomillo (para decorar)

preparación

1. Para la ensalada de kiwi dorado con piña y yogur, mezcla bien todos los ingredientes para el aliño y sazona con sal y pimienta.
2. Asa los trozos de piña en una sartén grill sin grasa para la ensalada. Disponer en platos junto con las rodajas de kiwi.
3. Rocíe la fruta con el aderezo y decore la ensalada de kiwi dorado con piña y yogur con nueces de Brasil y tomillo.

22. Paletas de frutas

ingredientes

- 1 kiwi
- 1 paquete de fresas
- 1 paquete de arándanos
- 1/2 mango
- jarabe de saúco
- Agua (dependiendo del gusto y tamaño de los moldes)

preparación

1. Primero, prepare formas de paletas heladas (enjuáguelas si es necesario) para paletas heladas con sabor a fruta y coloque tapas o palitos de paletas de madera a mano.
2. Pelar el kiwi y cortarlo en rodajas. Lava y limpia las fresas y córtalas en cubos pequeños. Luego, lava y clasifica los arándanos. Por último, pela el mango y córtalo en tiras finas.
3. Distribuir la fruta en los moldes de helado. Llena bien. Diluye el jarabe de saúco con agua según tu gusto. Vierta el jugo de saúco en los moldes. Inserte una tapa o palillos.
4. Congelar en el congelador durante varias horas o toda la noche. La paleta afrutada se libera mejor del molde sumergiendo los moldes en agua tibia.

23. Ensalada de pomelo mandarina flambeada

ingredientes

- 4-6 mandarinas (sin semillas, alternativamente aprox. 300-400 g satsumas o clementinas)
- 1 pomelo (o 2 pomelos rosados)
- 1 plátano
- 2 limas (sin pulverizar)
- 2-3 cucharadas de miel (calentada)
- Pasas (remojadas en grappa o ron, al gusto)
- 4 cucharadas de nueces
- 6 cucharadas de ron (alto porcentaje o coñac, etc. para flambear)

preparación

1. Para la ensalada de pomelo mandarina flambeada, pela las mandarinas, sácalas en gajos y quítales la piel en la medida de lo posible, o al menos los hilos blancos. Pele también el pomelo, divídalo en gajos y quíteles la piel. (Las grietas pueden desmoronarse). Ponga las mandarinas y el pomelo en un tazón con el jugo que se haya derramado. Lave bien las limas y frote la cáscara directamente sobre las mandarinas en un rallador. Mezcla suavemente.
2. Exprime las limas. Ahora pele el plátano, córtelo en rodajas e inmediatamente rocíe con un poco de jugo de lima. Disponer decorativamente en platos con las mandarinas marinadas.
3. Mezcle el jugo de lima restante con la miel tibia y rocíe sobre la ensalada. Picar las nueces en trozos gruesos y tostarlas brevemente en una sartén sin aceite. Mezclar con las pasas remojadas a gusto y espolvorear sobre la ensalada. Vierta alcohol sobre ellos y encienda. La ensalada

flambeada de mandarina y pomelo va bien con masa quebrada crujiente, cantucci italiano o bizcochos de dama.

24. Tazón hecho con masa para galletas

ingredientes

- 500 g de harina (ajustar cantidad según consistencia)
- 1 cucharadita de bicarbonato de sodio
- 1 cucharadita de sal
- 300 g de chocolate
- 250 g de mantequilla (blanda)
- 135 g de azúcar (morena)
- 190 g de azúcar granulada
- 1 paquete de azúcar de vainilla
- 2 huevos

preparación

1. Primero, precaliente el horno a 190 ° C para el tazón de masa para galletas.
2. Mezclar la harina, el bicarbonato de sodio y la sal y reservar. Picar el chocolate.
3. Batir la mantequilla, los dos tipos de azúcar y el azúcar de vainilla hasta que quede cremoso. Agregue los huevos uno por uno y doble bien cada vez. Agregue la mezcla de harina y los trozos de chocolate alternativamente en porciones hasta lograr una consistencia que se pueda estirar. La masa no debe ser demasiado desmenuzable para que se le dé forma fácilmente más tarde. Amasar, envolver en film transparente y refrigerar por media hora.
4. Mientras tanto, engrasa el fondo de un molde para muffins con mantequilla.
5. Estirar la masa. Recorta círculos que sean más grandes que los moldes para cupcakes. Coloque con cuidado el círculo de masa sobre un bulto en el molde para muffins y presiónelo. Deje siempre una repisa entre las cáscaras de las galletas.

6. Hornea el bol de masa para galletas durante unos 10 minutos. Retire y deje enfriar (esto los hará sólidos). Retire con cuidado de los moldes para muffins.

25. Croquetas de castañas dulces

ingredientes

- 500 g de castañas (peladas)
- 250 ml de leche
- 90 g de migas de galleta (o galletas de mantequilla trituradas)
- 1 cucharadita de ralladura de naranja (de una naranja orgánica sin tratar)
- 1 cucharadita de ralladura de limón (de un limón orgánico sin tratar)

- 150 g de mantequilla
- 2 huevos
- 70 g de migas de galleta (para rebozar)
- 1 cucharadita de pulpa de vainilla
- 1 cucharadita de azúcar
- Aceite para freír)
- Azúcar granulada (para espolvorear)

preparación

1. Hervir las castañas en agua durante 20 minutos hasta que estén blandas, colar y hacer puré para hacer croquetas de castañas.
2. Mezclar la leche con la ralladura de naranja y limón, las migas, el azúcar y la pulpa de vainilla en un bol, calentar lentamente y luego incorporar el puré de castañas.
3. Batir un huevo, batir y revolver en la mezcla de castañas.
4. Usa una manga pastelera para inyectar palitos de 3 cm de largo y deja que se enfríen. Luego, usa las manos mojadas para formar croquetas o bolitas del tamaño de una nuez con los palitos.
5. Batir el segundo huevo y sazonar con sal.

6. Sumerja las croquetas, revuélvalas en migas de galleta y fríalas en aceite caliente a 180 °C.
7. Retire las croquetas terminadas del aceite con una espumadera y escúrralas en un papel de cocina.
8. Espolvorear las croquetas de castañas dulces con azúcar granulada antes de servir.

26. Ensalada de frutas con crema de vainilla y bizcochos de mineral

ingredientes

- 1 PC. Mango
- 1 pieza de plátano
- 1 pera
- 2 piezas Durazno
- 2 piezas de naranja
- 2 cucharadas de jarabe de flor de saúco
- 1 PC. Rama Cremefine (vainilla)
- 4 piezas de galletas oreo

preparación

1. Para la macedonia de frutas con crema de vainilla y bizcochos de mineral, pela el mango, el plátano y la pera y córtalos en cubos pequeños. Corta los melocotones en dados de la misma manera. Exprimir las naranjas, agregar el jugo a las frutas, endulzar con jarabe de flor de saúco. Mezclar bien y dejar marinar durante 2 horas.
2. Batir Rama Cremefine, desmenuzar las galletas.
3. Repartir la macedonia en los cuencos de postre, verter sobre ellos la crema de

vainilla y esparcir por encima las galletas desmenuzadas.

27. Ensalada de frutas con licor

ingredientes

- 1 plátano
- 4 albaricoques
- 1 durazno
- 15 uvas
- 1 naranja (jugo)
- 2 CUCHARADAS. licor de saúco

preparación

1. Para la ensalada de frutas con licor, primero corta la fruta en trozos, exprime la naranja

y agrega el jugo, agrega el licor de saúco, mezcla bien. Enfriar durante unos 60 minutos.
2. Luego divida la ensalada de frutas con licores en tazones y sirva.

28. Ensalada de frutas con canela

ingredientes

- 1 taza de yogur natural (1,5%)
- 1 cucharadita de canela
- 1 cucharadita de miel
- 2 cucharadas de avena
- 2 cucharadas de hojuelas de maíz

- 1 manzana
- 1 plátano
- 1 puñado de uvas

preparación

1. Para la ensalada de frutas con canela, quita el corazón a la manzana y córtala en trozos pequeños. A continuación, corta el plátano en rodajas.
2. Cortar por la mitad y descorazonar las uvas. Mezclar el yogur con la canela y la miel y mezclar con la fruta cortada en un bol.
3. Esparce hojuelas encima y disfruta de la ensalada de frutas con canela.

29. ensalada de frutas

ingredientes

- 1 plátano
- 1 manzana
- algunas pasas
- 10 fresas
- Chispitas de chocolate (para decorar)

preparación

1. Corta el plátano, la manzana y las fresas en trozos pequeños para la ensalada de frutas.
2. Poner las pasas y la fruta en un bol y decorar con las chispas de chocolate.

30. Ensalada de frutas exóticas

ingredientes

- 1/2 granada
- 1/2 ud. Mango
- 1 pieza. Caqui
- 200 g de papaya
- 1 pieza de plátano

preparación

1. Exprime la granada y pon el jugo y las semillas en un bol para la ensalada de frutas exóticas. Cortar el mango, el caqui, la papaya y el plátano en trozos y mezclar con la granada.

31. Ensalada de frutas con helado de vainilla

ingredientes

- 2 piezas de naranjas
- 2 manzanas
- 1 pieza de plátano
- 1 limón (jugo de él)
- 1/2 lata(s) de guindas (sin hueso)
- 2 cucharadas de miel
- 4 cl de ron
- 4 helado de vainilla
- 125 ml de nata montada
- 1 puñado de almendras laminadas

preparación

1. Para la macedonia de frutas con helado de vainilla, pela la naranja, la manzana y el plátano y córtalos juntos en rodajas finas. Rocíe con jugo de limón.
2. Escurra y agregue las guindas. Revuelva la miel con el ron hasta que quede suave, vierta sobre la fruta y déjela reposar.
3. Extienda el hielo en platos enfriados y vierta la ensalada de frutas sobre ellos. Bate la nata montada a punto de nieve y decora con ella la ensalada de frutas.
4. Repartir almendras laminadas por encima y servir la macedonia de frutas con helado de vainilla.

32. Ensalada de frutas con patada

ingredientes

- 1 PC. naranja
- 150 g de fresas
- 100 g de frambuesas
- 1/4 pieza de melón
- 1 manzana
- 100 g de cerezas
- 1 limón
- 50 gramos de uvas
- 40 ml Malibú

preparación

1. Para la ensalada de frutas, retira el verde de las fresas y lava con frambuesas, cerezas y uvas. A continuación, pela la naranja y el melón y córtalos en trozos pequeños.
2. Corta las fresas por la mitad y en cuartos. Descorazona la manzana y córtala en trozos pequeños. Descorazona las cerezas y córtalas por la mitad con las uvas. Mezclar las frutas en un bol y exprimir el limón por encima.
3. Finalmente, rocíe la ensalada de frutas con Malibu y mezcle bien.

33. Ensalada de frutas con pasas al ron

ingredientes

- 1 pieza de plátano
- 1 manzana
- 1 PC. Mango
- 1 PC. Naranja (jugo de ella)
- 4 cucharadas de pasas al ron
- 1 cucharada de miel

preparación

1. Para la ensalada de frutas con pasas al ron, pela el mango y córtalo desde el centro. A

continuación, pela el plátano, córtalo por la mitad a lo largo y córtalo en rodajas.
2. Corte en cuartos y el corazón la manzana y córtela en rodajas pequeñas. Exprimir la naranja. Marinar la fruta con miel y jugo de naranja, mezclar con las pasas al ron.
3. Divida en tazones de postre y sirva la ensalada de frutas con pasas al ron bien frías.

34. Ensalada de frutas con gorro de yogur

ingredientes

- 1 manzana
- 1 PC. naranja
- 1 pera
- 50 g de uvas
- 500 g de yogur de fresa (light)
- 1 golpe de edulcorante líquido
- 4 piezas de cerezas Amarena

preparación

2. Para la ensalada de frutas con gorro de yogur, pela y corta la fruta.

3. Filetear la naranja, hervir 50 ml de agua con 1 chorrito de edulcorante. Llevar la fruta a ebullición brevemente. Desagüe.
4. Mezclar el yogur de fresa con trozos de fruta, rellenar en cuencos y decorar cada uno con una cereza.
5. Sirva la ensalada de frutas con una tapa de yogur.

35. Ensalada de frutas con yogur

ingredientes

- 250 g de uvas
- 3 piezas de nectarinas
- 250 g de yogur natural
- Arándanos (al gusto)

preparación

1. Para la ensalada de frutas, lave las uvas y las nectarinas y luego córtelas en trozos. A continuación, poner en un bol y añadir las uvas.

2. Mezcle bien y vierta en tazones pequeños, cubra con yogur natural y agregue arándanos si lo desea.

36. Ensalada de frutas con camembert

ingredientes

- 1/2 pieza de melón de azúcar
- 2 rebanada(s) de sandía
- 2 piezas de naranja
- 2 piezas kiwi (amarillo)
- 4 rebanada(s) de Camembert
- sal
- 2 cucharadas de aceite
- 2 cucharadas de vinagre de vino blanco
- Pimienta (blanca)

preparación

1. Para la ensalada de frutas con camembert, lave bien una naranja, quítele la piel, córtela por la mitad y exprímala. Reserva el jugo para la marinada.
2. Pelar y filetear gruesamente la segunda naranja. Pelar el kiwi y cortarlo en trozos. Saque bolas de diferentes tamaños de los melones con un cortador de bolas.
3. Disponer toda la fruta en un plato, colocar encima el camembert y verter encima un adobo de vinagre, aceite, sal, pimienta blanca y ralladura de naranja.

37. Ensalada de frutas con semillas de girasol

ingredientes

- 2 piñas baby
- 1 manzana
- 1 pera
- 2 cucharadas de limón (jugo)
- 2 plátanos
- 1 kiwi (posiblemente 2)
- 6 cucharadas de jugo de naranja
- 2 cucharadas de salsa de coco
- 2 cucharadas de semillas de girasol

preparación

1. Para la ensalada de frutas con semillas de girasol, limpia la piña, quítale la piel y córtala en rodajas de aproximadamente 1/2 cm de grosor.
2. Retire el tallo, corte las rebanadas en cuartos y colóquelas en un tazón lo suficientemente grande. Enjuague la manzana y la pera, retire el corazón, corte en dados y mezcle con la piña.
3. Rocíe los trozos de fruta con el jugo de un limón, retire la cáscara de los plátanos y el kiwi, córtelos en rodajas finas y colóquelos con cuidado debajo del resto de la fruta.
4. Vierta el jugo de naranja y las semillas de girasol sobre la ensalada y sirva la ensalada de frutas terminada con semillas de girasol espolvoreadas con coco.

38. Ensalada de frutas con salsa de yogur

ingredientes

- 500 g de fresas
- 2 cucharadas de azúcar
- 0.5 charantais o melón dulce
- 200 g de ciruelas, por ejemplo, azules y amarillas
- 4 cucharadas de jugo de lima (o jugo de limón)
- 1 taza (236 ml) de piña en rodajas
- 150 g de crema de yogur
- 1 paquete de azúcar de vainilla
- Posiblemente un poco de menta fresca

preparación

1. Enjuague y limpie las fresas y córtelas a la mitad o en cuartos según el tamaño. Espolvorear con azúcar en un recipiente para hornear. Cubrir y dibujar durante unos 15 minutos.
2. Descorazona el melón y córtalo en gajos. Cortar la carne de la piel. Enjuague las ciruelas y córtelas en gajos del hueso. Rocíe con jugo de lima o limón. Mezclar los ingredientes preparados.
3. Para la salsa de piña, cortar en cubos excepto 1 rodaja y triturar con el jugo. Incorpore el yogur y el azúcar de vainilla. En forma de ensalada de frutas.
4. Corta el resto de la piña en cubos. Pica la menta si quieres. Espolvorea ambos sobre la lechuga.

39. Ensalada de frutas con salsa de yogur de vainilla

ingredientes

Fruta:

- 2 manzanas
- 1 plátano
- Jugo de 1/2 limón
- 2 naranjas

Salsa:

- 1 clara de huevo
- 2 cucharadas de azúcar
- 1 vaina de vainilla
- 75 g de yogur

- 1 yema de huevo
- 100 g de nata montada

preparación

1. Corta las manzanas en gajos, rebana el plátano y rocía con el jugo de un limón. Cortar las naranjas en trozos. Distribuya la fruta de manera uniforme en cuatro platos.
2. Batir la clara de huevo a punto de nieve, espolvorear azúcar para la salsa. Vaina de vainilla. Raspe, revuelva con yogur y yema de huevo. Montar la nata montada a punto de nieve, incorporar con la clara de huevo. A la forma de la fruta.

40. Ensalada de frutas rápida

ingredientes

- 1 manzana (mediana)
- 1 plátano
- 1 puñado de uvas
- algunas fresas
- algunas cerezas (deshuesadas)
- 1 lata(s) de coctel de frutas
- limón
- Azúcar de caña (si es necesario)

preparación

1. Para la ensalada de frutas rápida, lave, corte y descorazone la fruta si es necesario. Rocíe los plátanos con jugo de limón para evitar que se doren.
2. Poner todo en un bol con el cóctel de frutas y sazonar con azúcar de caña y azúcar de vainilla.

41. Fruta tropical y ensalada de frutas con un

toque

ingredientes

- 1/2 piña
- 1 pieza de plátano
- 12 piezas de cerezas Amarena
- 4 cucharadas de jarabe de granadina
- 4 cucharadas de ron de coco
- 60 ml de licor de huevo

preparación

1. Pele el plátano y córtelo en rodajas para la fruta tropical y la ensalada de frutas con una

patada. A continuación, pele la piña, corte el tallo y corte la pulpa en trozos pequeños.

2. Mezclar los trozos de piña y las rodajas de plátano con el sirope de granadina, el ron de coco y el licor de huevo, dejar macerar al menos 1 hora.

3. La ensalada de frutas tropicales con un toque especial para dar en 4 hermosas copas y cubrir con 3 cerezas negras.

42. Ensalada de frutas colorida

ingredientes

- 500 g de uvas (sin pepitas)
- 2 manzanas
- 2 peras
- 2 piezas Durazno
- 1/2 pieza de melón de azúcar
- 500 g de fresas
- 2 piezas de naranja
- 2 piezas de limón (jugo del mismo)
- 5 cucharadas de jarabe de flor de saúco
- 4 cucharadas de miel

preparación

1. Para la ensalada de frutas, pele las naranjas y filetee los gajos de naranja, luego exprima el jugo del resto.
2. Limpiar y picar las fresas. Retire las semillas de las manzanas, las peras y el melón y córtelos en trozos pequeños. A continuación, corte las uvas por la mitad, pique los melocotones.
3. Poner toda la fruta en un bol grande, mezclar con el sirope de flor de saúco y la miel. La ensalada de frutas se enfrió una hora.

43. Crema de yogur de cuajada con macedonia

de frutas

ingredientes

- 300 g de yogur (griego)
- Tarros de 250 g de nata
- 2 cucharadas de sirope de agave
- 2 cucharadas de pasta de vainilla
- 1/2 manzana
- 1/2 pera
- 60 g de arándanos
- 15 uvas (sin semillas)
- 6 fresas
- 4cl marrasquino
- 2 cucharadas de jugo de limón

preparación

1. Para la crema de cuajada y yogur con macedonia de frutas, quitar el corazón a la manzana y la pera y cortarlas en trozos.
2. Cortar las uvas por la mitad y las fresas en cuartos. Marinar las frutas con marrasquino y jugo de limón, refrigerar por 30 minutos. Mezcla el yogur con el requesón, el sirope de agave y la pasta de vainilla.
3. Extienda la crema de requesón en los tazones de postre y vierta la fruta y el jugo encima. El tapón de crema de yogur con macedonia de frutas se sirve inmediatamente frío.

44. Ensalada de frutas sin azúcar

ingredientes

- 4 manzanas (orgánicas)
- 500 g de uvas (orgánicas)
- 500 g de fresas (orgánicas)
- 4 plátanos (orgánicos, maduros)
- 3 peras (orgánicas)
- 6 cucharadas de caramelo de roca (en polvo)
- 1 limón

preparación

1. Lava muy bien la fruta para la macedonia y córtala en cubos pequeños. ¡NO lo pele, ya que la mayoría de las vitaminas están en la cáscara! En su lugar, pon todo en un tazón grande y revuelve bien.
2. Luego espolvoree el caramelo de roca encima y revuelva bien nuevamente. Al final añadir el zumo de limón, por un lado para evitar que la fruta se dore y por otro lado para dar cierta viveza a la macedonia.

45. Ensalada de frutas sencilla

ingredientes

- 400 g piña (en trozos)
- 3-4 manzanas (pequeñas)
- 1-2 piezas de plátanos
- 1 PC. naranja
- 1 pieza. Caqui
- 1-2 piezas kiwi

preparación

1. Primero, pon la piña y el jugo de la lata en un tazón grande para la ensalada de frutas. Luego quita el corazón a las manzanas y

córtalas en trozos pequeños y agrégalas a la piña.
2. Luego pela las otras frutas y córtalas en trozos pequeños. (el caqui se puede comer con la piel)
3. Disponer y servir la ensalada de frutas.

46. Ensalada de frutas vegana

ingredientes

- 1 PC. Toronja
- 2 piezas de kiwi
- 1 manzana
- 3 cucharadas de yogur de soja

preparación

1. Para la ensalada de frutas, pela la toronja y el kiwi, lava la manzana. Luego, corte todo en trozos pequeños y colóquelo en un tazón.
2. Añadir yogur de soja y mezclar todo bien.

47. Ensalada de frutas amarillas

ingredientes

- 1 PC. Mango (maduro)
- 2 peras (amarillas, maduras)
- 2 manzanas
- 2 piezas de plátano
- 2 duraznos (de pulpa amarilla)
- 1 limón
- 1 cucharada de miel (líquida)

preparación

1. Para la ensalada de frutas, pela el mango, sepáralo del hueso y córtalo en trozos

pequeños. Lava las peras y las manzanas, quita el corazón y córtalas en trozos pequeños.

2. Pela los plátanos y córtalos en trozos del tamaño de un bocado. A continuación, lava los melocotones, quita el hueso y córtalos en trozos pequeños.

3. Poner la fruta cortada en un bol y mezclar. Exprime el limón. Mezclar el jugo con la miel y rociar sobre la fruta.

48. Ensalada de frutas de melón

ingredientes

- 300 g de sandía
- 1/2 pieza de melón dulce
- 1/2 pieza de melón de azúcar
- uvas
- 1 manzana
- 2 piezas de naranja (jugo de ella)
- 2 cucharadas de miel
- 125ml de agua

preparación

1. Para la macedonia de melón, pela y limpia los melones y córtalos en cubos pequeños. Partir

las uvas por la mitad. Pelar la manzana y cortarla en cubos pequeños. Exprimir naranjas.

2. Llevar a ebullición el agua con la miel, enfriar y verter sobre los cubos de fruta, agregar el jugo de naranja. Poner en un lugar fresco y dejar marinar durante al menos 60 minutos.

49. Ensalada de kiwi

ingredientes

- 600 g de piña
- 4 kiwis
- 2 plátanos
- 1 granada
- 2 paquetes de azúcar de vainilla
- 2 cucharadas de azúcar glas
- 3 cucharadas de limón (jugo)
- 3 cucharadas de jarabe de granadina

preparación

1. Para la ensalada de kiwi, primero corta la piña a lo largo en octavos, corta la base del tallo en pedazos pequeños y corta la pulpa de la piel en pedazos en diagonal. Pelar y trocear los kiwis y los plátanos.
2. Corta la granada en diagonal, quita las semillas y el jugo con una cuchara. Mezclar todo en un bol. Mezcla el jugo de un limón, el azúcar glas, el azúcar de vainilla y la granadina con la fruta. Lleva la ensalada de kiwi a la mesa helada.

50. Ensalada de frutas de ciruela y piña

ingredientes

- 1 piña
- licor de naranja
- miel
- menta
- 11 ciruelas
- azúcar en polvo

preparación

1. Corta la piña para la ensalada de frutas de ciruela y piña. Cortar las ciruelas por la

mitad y descorazonarlas, cortarlas en gajos y marinarlas con Cointreau, menta y miel.
2. Agregue los trozos de piña, mezcle y coloque toda la ensalada de frutas en la piña ahuecada. Espolvoree con azúcar impalpable y sirva la ensalada de ciruelas, piña y frutas.

51. Ensalada de frutas con granada

ingredientes

- 1/2 granada
- 2 mandarinas
- 2 plátanos
- 4 ciruelas
- 1 manzana
- 1 pierna

preparación

1. Para la ensalada de frutas con granada, primero exprime la mitad de la granada con

un exprimidor de cítricos y colócala en un tazón (todo, incluidas las semillas que sobraron del proceso de exprimido).

2. Exprimir también las mandarinas. Corta los plátanos, agrégalos y tritúralos con un tenedor. Corte las ciruelas, la manzana y el caqui en trozos pequeños y mézclelos: la ensalada de frutas con granada está lista.

52. Ensalada de frutas con nueces

ingredientes

- 2 piezas de naranja
- 2 plátanos (maduros)
- 1 manzana
- 1 pera
- 2 cucharadas de nueces (ralladas)

preparación

1. Para la ensalada de frutas, exprime las naranjas y colócalas en un bol. También se puede añadir la pulpa (sin semillas). A continuación, pela y rebana los plátanos.

2. Triture el jugo de naranja con un tenedor. Picar la manzana y la pera y mezclar. Espolvorear con las nueces ralladas.

53. Cóctel de frutas frescas

ingredientes

- 1 piña (Hawaii, pelada)
- 4 duraznos (pelados)
- 2 granadas (sin los huesos)
- 2 manzanas Granny Smith (sin hueso, cortadas en cubitos)
- 400 g de uvas (verdes y sin pepitas)

preparación

1. Para el cóctel de frutas, lava la fruta y córtala todo en trozos.
2. Mezcla las frutas y sírvelas juntas.

54. Ensalada de frutas con menta

ingredientes

- 2 albaricoques
- 2 duraznos
- 1 pera
- 1 puñado de fresas (limpias)
- 6 hojas de menta (cortadas en tiras)
- 3 cucharaditas de azúcar

preparación

1. Para la ensalada de frutas con menta, lava los albaricoques y los melocotones, quítales el corazón y córtalos en cubos pequeños. Lave y corte en cuartos la pera, retire el

corazón y córtela en cubos. Divide las fresas en trozos agradables, mezcla todo bien.
2. Añadir azúcar y menta y servir la macedonia de frutas con menta fría.

55. Ensalada De Sandía Y Pera Con Gambas

ingredientes

- 190 g de gambas (adobadas)
- 2 rebanada(s) de sandía
- 1 pera
- 1 chorrito de vinagre balsámico (rosso)
- 1/2 manojo de cebollín

preparación

1. Cortar la ensalada de sandía y pera con gambas en cubos más grandes para la sandía y la pera.
2. Cortar también las cebolletas en trocitos pequeños.

3. Sofríe las gambas en una sartén antiadherente durante unos minutos sin añadir grasa adicional porque ya vienen marinadas. Finalmente freír los cubos de sandía durante aproximadamente 1 minuto y luego retirar la sartén del fuego.
4. Mezcle los cubos de pera y deje reposar durante 1 minuto. Sazonar con un chorrito de vinagre balsámico, volver a mezclar y servir la ensalada de sandía y pera con las gambas espolvoreadas con el cebollino.

56. Ensalada de naranja y kiwi con hielo

ingredientes

- 3 piezas de naranja
- 4 piezas de kiwi
- 100 g de cóctel de frutas
- Licor de naranja (al gusto)
- 1 PC. Naranja (jugo de ella)
- 2 cucharadas de miel
- 1/2 limón (jugo del mismo)
- Pistachos (picados)
- 120 g de helado de vainilla

preparación

1. Para la ensalada de naranja y kiwi con helado, pela las naranjas y el kiwi y córtalos en rodajas finas. Escurrir las frutas del cóctel.
2. Mezclar las frutas y enfriar. Enfría los tazones de vidrio. Mezclar jugo de naranja y limón con licor de naranja y miel, mezclar cuidadosamente con las frutas, y reposar en el refrigerador por media hora.
3. Divide el helado de vainilla en cuatro partes. Ponga una porción de helado de vainilla en cada uno de los tazones de vidrio enfriados, cubra con la ensalada de frutas, espolvoree con pistachos picados y sirva de inmediato.

57. Compota de cerezas ácidas

ingredientes

- 1 kg de guindas
- agua
- 4 cucharadas de azúcar de caña
- 1 pizca de azúcar de vainilla

preparación

1. Para la compota de guindas, lavar y descorazonar las guindas. Poner en una cacerola grande y llenar con agua para cubrir las guindas. Agregue azúcar de caña y azúcar de vainilla.

2. Lleve la compota a ebullición y cocine a fuego lento durante unos 5 minutos. Mientras tanto tener los vasos listos. Vierta la compota de guindas en los vasos, ciérrelos y límpielos.
3. Luego déle la vuelta (para que se pueda crear un vacío en los vasos) y cúbralo con una manta (para que se enfríe lentamente).

58. Piña con chupito

ingredientes

- 1 pieza. Piña 1,5kg
- 1/8 l de nata agria
- 3 piezas de plátanos
- 2 ron Stamperl (blanco)
- 50 g de chispas de chocolate

preparación

1. Corta la tapa de la piña con un tiro de la piña. A continuación, corte la pulpa con un cuchillo pequeño (deje reposar 1 cm de borde) y

corte la pulpa en trozos de aprox. 1 cm de tamaño.

2. Cortar el plátano en rodajas finas y mezclar con los trozos de piña y el resto de ingredientes en un bol y verter en la piña vacía. Cubre la piña con la tapa y pon la piña en el refrigerador hasta el momento de servir.

59. Vinagre de flor de saúco

ingredientes

- 3/4 litro de vinagre
- 2 cucharadas de miel de acacia
- 3/4 vaso de flor de saúco

preparación

1. Para el vinagre de flor de saúco, llene 3/4 partes de un frasco limpio y hermético de un litro con la flor de saúco que ha sido cuidadosamente arrancada de los insectos.
2. Batir la miel y el vinagre, verter y dejar reposar en un lugar oscuro durante unas 4 semanas.

3. Guarda el vinagre de flor de saúco en un vaso o úsalo inmediatamente.

60. Budín de soja con una colorida ensalada de frutas.

ingredientes

- 500ml bebida de soja
- 1 paquete de pudín de vainilla en polvo
- 2 cucharadas de azúcar
- 1 durazno
- 1 pieza de kiwi
- 3 fresas
- 8 lichis

- 1 puñado de uvas
- 1 pieza de lima (jugo)
- 2 cucharadas de jarabe de flor de saúco

preparación

1. Para el budín de soya con ensalada de frutas de colores, cocina el budín de vainilla con bebida de soya según las instrucciones del paquete, llénalo en moldes de budín y refrigera por unas horas.
2. Cortar la fruta en trozos pequeños, marinar con zumo de lima y sirope de flor de saúco. Saque el budín del molde, coloque la ensalada de frutas alrededor del budín.

61. Ensalada de frutas con sandía

ingredientes

- 150 g de frambuesas
- 100 g de bayas (por ejemplo, moras, arándanos)
- 2 duraznos (grandes)
- 8 albaricoques
- 8 ciruelas
- 1 limón
- 50 gramos de azúcar
- 50 ml marrasquino
- 1 sandía (mediana)
- menta (fresca)

preparación

1. Para la ensalada de frutas con sandía, primero pela, descorazona, corta en cuartos y corta los melocotones. A continuación, corte los albaricoques y las ciruelas por la mitad, retire el corazón y córtelos en trozos. Ponga las frambuesas y el azúcar en un tazón lo suficientemente grande y rocíe con jugo de limón y marrasquino. Enfriar brevemente.
2. Cortar la sandía, cortar la pulpa en cubos pequeños y mezclar con las frutas restantes. Adorne la ensalada de frutas con sandía con menta y llévela a la mesa.

62. Ensalada de peras y ciruelas

ingredientes

- 1/2 kg de ciruelas
- 1/2 kg de peras
- 3 cucharadas de limón (jugo)
- 2 cucharadas de sirope de pera
- 5 dag hojuelas de almendras
- semillas de girasol de 5 días
- 1/4 l de leche agria

preparación

1. Para la ensalada de pera y ciruela, asa las semillas de girasol en una sartén sin grasa hasta que estén fragantes. Dejar enfriar.
2. Lava las ciruelas, córtalas por la mitad, quita el corazón y corta las mitades en rodajas.

3. Pelar y cortar en cuartos las peras, quitar el corazón y cortar la fruta en cubos.
4. Rocíe los trozos de fruta con jugo de limón.
5. Mezcle el resto del jugo de limón, el jarabe de pera y la leche agria y revuelva con la fruta.
6. Espolvorea la ensalada de pera y ciruela con semillas de girasol y almendras laminadas.

63. Ensalada de frutas con salsa de maní

ingredientes

- 1/2 melón de azúcar
- 1/2 piña
- 1 paquete de fisalis
- algunas uvas (grandes, sin pepitas)
- 3 cucharadas de mantequilla de maní (crujiente)
- 4 cucharadas de jugo de naranja (recién exprimido)
- 2 cucharadas de jugo de limón (recién exprimido)
- 1/2 cucharada de azúcar en polvo

- 4 palillos

preparación

1. En primer lugar, para la macedonia de frutas con cacahuete, corta la rodaja de piña en cubos del tamaño de un bocado. A continuación, pela el melón y córtalo también en cubos. Lava las uvas.
2. Mezcle la mantequilla de maní con jugo de naranja y limón recién exprimido y azúcar en polvo para la salsa.
3. Sirva la ensalada de frutas con un dip de maní. Pinche los trozos de fruta con un palillo y sumérjalos en la salsa.

64. Ensalada de frutas de coco con hielo picado

ingredientes

- 1 coco
- frutas mixtas a gusto (papaya, piña, mango)
- Cubitos de judías azuki (o cubos de agar-agar)
- 1,5 cucharadas de jarabe de arce
- Azúcar moreno al gusto
- 3,5 cucharadas de leche de coco espesa
- 4 taza(s) de hielo picado fino
- canela al gusto

preparación

1. Primero, abre el coco. Para hacer esto, perfore 2 o 3 agujeros en el coco en los

lugares oscuros (hoyuelos) debajo de la barba con un martillo y un clavo. Coloque un colador sobre una cacerola, agregue el coco y deje que el agua de coco se escurra. (Si es necesario, taladre las aberturas más profundamente con un sacacorchos). Luego coloque el coco en el horno precalentado a 180 grados durante aprox. 20 minutos y volver a retirar. Golpéalo fuerte con un martillo y abre el coco. Suelte la pulpa y córtela en cubos pequeños. También corte las frutas restantes en cubos muy pequeños y mezcle todo. Mezcle agua de coco con leche de coco, jarabe de arce y azúcar morena y vierta sobre la fruta. Mezcla suavemente. Agregue el hielo picado muy fino y sirva.

65. Helado con salsa de frijoles y macedonia de frutas

ingredientes

- 8 puñados de claras de huevo (o hielo picado)
- Pasta de frijol (roja)
- 250 ml de sirope de azúcar
- 3 cucharadas de cerezas amaretto (para decorar)
- Para la ensalada de frutas:
- Fruta (p. ej., durazno, fresas, como guste)
- Jugo de limon
- azúcar

preparación

1. Mezcle la pasta de frijol con el jarabe de azúcar para el helado con salsa de frijol y ensalada de frutas. Primero, vierte un poco de nieve helada en una copa de vino. A continuación, coloque una cucharada pequeña de pasta de frijoles encima y una cucharada de ensalada de frutas. Adorne con cerezas amaretto y sirva.

66. Ensalada de frutas y queso

ingredientes

- 3 piezas de albaricoques
- 1/2 piña
- 1 manzana (grande)
- 300 g Gouda
- 250 ml de nata montada
- 3 cucharadas de jugo de piña
- Jugo de limon
- 2 cucharaditas de mostaza (picante)
- sal
- pimienta
- ensalada verde (para decorar)

preparación

1. Para la ensalada de queso y frutas, corte la fruta en gajos y cubos, y corte el queso en rebanadas.
2. Prepare un adobo con crema batida, jugo de limón, jugo de piña, mostaza, sal y pimienta y vierta sobre la fruta y el queso. Remueve todo bien y déjalo reposar un poco.
3. Coloque la ensalada de frutas y queso terminada sobre hojas de lechuga y sirva.

67. Ensalada de frutas con aderezo de frutas

ingredientes

Para el aderezo:

- 3 kiwis
- 2 peras (peladas)
- Para la ensalada:
- 2 plátanos
- 2 mandarinas
- 150 g de uvas (azules y blancas; sin pepitas)
- 1 kiwi
- 1 pera
- 1 manzana
- 1 puñado de nueces (o avellanas)
- 4 cucharadas de azúcar

preparación

1. Para la ensalada de frutas con aderezo de frutas, prepare una ensalada de frutas con las frutas.
2. Pelar y cortar en cuartos la manzana y la pera, retirar el corazón y cortar de nuevo los trozos de fruta.
3. En una cacerola pequeña, cocine al vapor los trozos de manzana y pera con un poco de agua y 1 cucharada de azúcar hasta que estén al dente.
4. Pelar y trocear los kiwis y los plátanos, lavar las uvas, arrancarles los rabos.
5. Pelar las mandarinas y dividirlas en gajos, picar las nueces en trozos grandes.
6. Mezcle bien las frutas en un tazón grande.
7. Para el aliño, pela los kiwis y las peras. Retire el corazón de las peras y coloque la fruta en un vaso de precipitados alto.
8. Haga puré con 3 cucharadas de azúcar con una batidora de mano.
9. Vierta el aderezo sobre la fruta y sirva la ensalada de frutas con el aderezo de frutas espolvoreado con nueces picadas.

68. Ensalada de frutas al horno con gratinado

frío

ingredientes

- 500 g de requesón
- 250 ml de nata montada
- 1 plátano (en rodajas)
- 10 fresas (picadas)
- 10 uvas (blancas, partidas por la mitad)
- 1 pizca de azúcar
- 1 paquete crujiente
- 1 paquete de láminas de almendra
- 1 paquete de azúcar de vainilla

preparación

1. Para la ensalada de frutas, reparte las frutas en un bol. Mezclar el quark con la nata montada y añadir el azúcar. Verter la mezcla sobre la fruta y alisar todo.
2. Mezcle las láminas de almendras, el azúcar quebradizo y el de vainilla y espolvoree firmemente por encima. Coloque en el refrigerador durante al menos 60 minutos.

69. Ensalada de frutas con quinoa crujiente

ingredientes

- 40 g de quinoa
- 0,5 cucharaditas de aceite de germen de trigo
- 3 cucharaditas de jarabe de arce
- 125 ml de suero de leche
- 2 albaricoques
- 200 g de bayas (mixtas)

preparación

1. Para mujeres embarazadas y lactantes: abundante muesli
2. La quinua, granos similares a granos de América Central, son extremadamente

valiosos debido a su alto contenido de proteínas, hierro y calcio. Son diminutos y tienen un sabor muy suave. Similar a Kukuruz, puedes "explotarlos". Pero asegúrate de que no se oscurezcan demasiado. Puedes cubrir la ensalada con una bola de helado de vainilla como postre.

3. Cubrir la quinoa en una sartén con aceite y calentar a fuego lento hasta que reviente. Después de 1 a 2 minutos, agregue un tercio del jarabe de arce y tueste brevemente, vierta sobre una tabla fría y extienda. Mezcle el suero de leche con el resto del almíbar, transfiéralo a un tazón. Enjuague la fruta, limpie las bayas, corte los albaricoques en gajos. Distribuya ambos uniformemente en el suero de leche. Luego espolvorea la quinua enfriada encima.

4. La quinua reventada también puede hacer un excelente helado: Congele un cuarto de litro de suero de leche. Sacar del congelador y mezclar con 50 g de miel y 1 pizca de vainilla en polvo hasta que quede cremoso. A continuación, bata 0,2 litros de nata montada y mezcle rápidamente con el suero de leche. Finalmente, agregue la quinua enfriada,

preparada como se describe anteriormente, y congele en el congelador durante al menos 6 horas. Llevar al refrigerador 30 minutos antes de comer. Traiga fruta fresca o posiblemente crema batida semidura sobre la mesa.

70. Ensalada de frutas con sirope de chachachá

ingredientes

Jarabe de menta chachachá:

- 100 g de azúcar
- 200ml de agua
- 200 ml de naranjas (jugo)
- 3 mentas
- 2 clavos
- 6 cucharadas de chachachá; Aguardiente de caña de azúcar blanca

Ensalada de frutas:

- 1 mango 650 g
- 1 papaya 450 g
- 1 piña 1,5 kg
- 4 tamarillos
- 3 naranjas

- 250 g ejércitos de tierra
- 125 g de grosellas
- 1 maracuyá
- 3 mentas

preparación

1. Para el almíbar, hervir el azúcar con 200 ml de agua, el jugo de naranja y los tallos de menta de manera almibarada abierta. Agregue los clavos y deje enfriar. Agregar chachacha y dejar enfriar.
2. Retire la cáscara del mango, la papaya y la piña para la ensalada. Cortar la carne de mango de la piedra. Corta la papaya por la mitad y quita las semillas con una cuchara. Corte en cuartos la piña y retire el tallo. Cortar la fruta en trozos del tamaño de un bocado. Cortar el tamarillo en el tallo, colocar en agua hirviendo durante 1 minuto, apagar y pelar. Cortar la fruta en rodajas de 1/2 cm de grosor. Retire la piel blanca de las naranjas de la piel y retire los filetes entre las pieles de separación. Lava, escurre, corta

a la mitad o en cuartos las fresas. Enjuague las grosellas, escúrralas. Reducir a la mitad la fruta de la pasión.

3. Retire la menta y los clavos del almíbar. Mezclar las frutas con el almíbar, marinar por 10 minutos. Arrancar las hojas de menta y espolvorear sobre la ensalada de frutas.

71. Ensalada de frutas con salsa de licor

ingredientes

- 2 plátanos
- 2 manzanas

- 2 cucharadas de limones (jugo)
- 125 g de uvas
- 2 naranjas
- 4 albaricoques
- 2 cucharadas de azúcar

Para la salsa de licor:

- 1 paquete de nata fresca (de 150g)
- 3 cucharadas de gran marnier
- 30 g de granos de avellana

preparación

1. Retire la cáscara de los plátanos y córtelos en rodajas pequeñas. Retire la piel de las manzanas, córtelas en cuartos, descorazone y córtelas en trozos. Rocíe ambos ingredientes con jugo de limón. Enjuague las uvas, escúrralas bien, quite los rabos, córtelas por la mitad y descorazone. Retire la piel, retire la piel blanca y corte las naranjas en trozos. Enjuague los albaricoques, córtelos por la mitad, descorazone y córtelos en gajos. Mezclar los ingredientes con el azúcar y formar en un bol.

2. Para la salsa de licor, mezcle la crème fraîche con Grand Marnier, corte los granos de avellana en rodajas pequeñas, mezcle y vierta la salsa sobre el molde de frutas.

72. Ensalada de frutas mediterránea

ingredientes

- 3 granadas
- 3 naranjas
- 3 pomelos (rosados)
- 4 higos
- cardamomo
- 15 días de azúcar
- 1/4 l de jugo de frutas, recogido (de lo contrario, agregue jugo de naranja)

preparación

1. Para la ensalada de frutas mediterránea, filetee las naranjas y los pomelos: retire la cáscara, incluida la piel interior blanca, mientras recoge el jugo. Luego afloje los

segmentos de fruta de la membrana delgada y recoja el jugo.
2. Retire las semillas de las granadas.
3. Lava los higos con cuidado y córtalos en rodajas.
4. Derretir el azúcar (sin grasa) en una cacerola pequeña y dorar (caramelizar).
5. Verter el jugo recogido, sazonar con cardamomo y dejar enfriar.
6. Añade las frutas, remueve con cuidado y deja macerar la macedonia mediterránea durante al menos 3 horas.

73. Waffles de trigo sarraceno con macedonia de frutas

ingredientes

- 80 g de mantequilla
- 75 g de miel de acacia
- 2 huevos
- 0.5 vaina de vainilla (pulpa de ella)
- 90 g de harina de trigo sarraceno
- 80 g de harina de trigo integral
- 1 cucharadita de levadura en polvo (tártaro)
- 150ml de agua mineral
- 100 g de requesón
- 50 g de yogur (natural)
- 1 cucharada de jarabe de arce

- 1 manzana
- 1 pera
- 250 g de bayas
- Limones (jugo)
- 1 jengibre en polvo

preparación

1. Los tipos de harina integral saben particularmente bien en waffles recién horneados. También se las arreglan con poca grasa. En definitiva: un snack saludable entre horas.
2. Mezclar la mantequilla con la miel hasta que quede cremoso. Mezclar los huevos y la pulpa de vainilla. Mezcla ambos tipos de harina con el polvo de hornear. Mezcle la mezcla con la mezcla de huevo. Agregue suficiente agua mineral para hacer una masa viscosa. Remoje la masa durante al menos 15 minutos. Si es necesario, agregue más agua mineral y luego hornee gofres de 2 a 3 cucharadas hasta que la masa esté procesada. Revuelva el requesón con yogur hasta que quede suave y endulce con la mitad del jarabe de arce. Enjuague la manzana, la pera y las bayas. Corte en cuartos la manzana y la pera, retire el

corazón y córtelos en cubos. Rocíe los cubos con un poco de jugo de limón. Seleccione las bayas y mezcle con la otra fruta. Sazone la ensalada de frutas con el resto del jarabe de arce y el jengibre en polvo. Untar un poco de requesón entre dos gofres que "

3. Si no tienes harina de trigo sarraceno en casa, solo puedes usar harina de trigo integral.

74. Muesli con macedonia de frutas exóticas

ingredientes

- 1 piña
- 1/2 melón Charentais
- 1 mango
- 1 kiwi
- 1 papaya
- 8 fresas
- Avena integral
- copos de trigo integral
- copos de maíz
- granos de avellana
- nueces
- Leche
- yogur
- Queso en capas

preparación

1. Retire la cáscara de la fruta (según la temporada y el gusto), quite los huesos, corte en dados y mezcle. Lleve los ingredientes del muesli a la mesa en pequeños tazones para hornear como desee y llévelos con los productos lácteos y la ensalada de frutas. Si gustas, puedes endulzarlo todo con miel o azúcar.
2. Consejo: ¡Utilice yogur natural cremoso para obtener un resultado aún más fino!

75. Ensalada asiática de frutas con fideos de

cristal

ingredientes

- 1 naranja
- 1 paquete de guisantes
- 1 paquete de fideos de cristal
- miel
- Hojas de menta
- 12 lichis
- 0.5 salchichones
- azúcar

preparación

1. Un gran plato de pasta para cada ocasión:
2. Mezclar el medio peporoni troceado y los fideos cristal cocidos en azúcar. Coloca encima la naranja fileteada y decora con una hoja de menta.

76. Ensalada de frutas picante

ingredientes

- 1/2 sandía (preferiblemente sin semillas)
- 1 PC. Mango (suave)
- 250 g de fresas
- 150 g de queso feta
- Vinagre balsámico (oscuro, al gusto)
- Pimienta (recién molida, de color, al gusto)

preparación

1. Para la ensalada de frutas picante, corte todo en trozos pequeños y dispóngalo en un plato grande.

77. Melón con lichis y piña

ingredientes

- 1 pieza de melón de azúcar (grande o 1/2 sandía)
- 1 dosis (s) de lichis
- 400 g de piña (o fresas, frescas)
- 5 cucharadas de jengibre (enlatado)
- Un par de cucharadas de licor de frutas

preparación

1. Para el melón con lichis y piña, corte y ahueque el melón para llenar los tazones con la ensalada de frutas terminada.
2. Cortar en dados la carne del melón, si es necesario también cortar en dados las otras frutas. Vierta el licor sobre la fruta si lo desea.
3. Picar finamente los trozos de jengibre y mezclar todo. Enfriar durante varias horas.
4. Antes de servir, vierta la fruta en la mitad de la cáscara del melón y sirva el melón con lichis y piña.

78. Ensalada de huevo y frutas

ingredientes

- 4 huevos
- 300 g de pera en gajos
- 400 g de gajos de manzana
- 0,3 kg de yogur
- 2 rebanadas de pan integral (finamente picado)
- 2 cucharadas de limón (jugo)
- 2 cucharadas de miel

preparación

1. Hervir los huevos para la ensalada de huevo y frutas durante 10 minutos, enjuagar y pelar.

2. Separe la clara de huevo y la yema de huevo. Picar finamente las claras de huevo.
3. Mezcle las yemas de huevo con el yogur para la salsa y sazone con jugo de limón. Calentar la miel y glasear en ella los dados de pan integral.
4. Coloque los gajos de manzana y pera en platos. Vierta la clara de huevo troceada y la salsa de yogur por encima y espolvoree la ensalada de huevo y frutas con los dados de pan integral.

79. Ensalada de peras y uvas

ingredientes

- 2 peras
- 15 días uvas azules (sin pepitas)
- 15 dag de uvas blancas (pequeñas, sin pepitas)
- 5 días de avellanas

Salsa:

- 100 ml de jugo de uva (tinto)
- 1 cucharada de jugo de limón
- 3 cucharadas de miel (o azúcar)
- 1 cucharada de grapa

preparación

1. Colocar las avellanas en una placa de horno para la ensalada de peras y uvas a aprox. 120°C hasta que estén fragantes. Frote la cáscara con un paño de cocina lo más caliente posible y pique las nueces.
2. Lave las uvas, sáquelas de las vides y córtelas por la mitad si es necesario.
3. Pelar y cortar en cuartos las peras, quitarles el corazón y trocear la fruta. Inmediatamente rocíe con jugo de limón para evitar que las piezas se doren.
4. Mezclar el jugo de uva con miel (azúcar) y grappa y sazonar al gusto.
5. Mezclar las frutas y rociar con el jugo.
6. Servir la ensalada de peras y uvas espolvoreada con las avellanas picadas.

80. Ensalada de frutas con campari

ingredientes

- 2 pomelos (rosados)
- 3 naranjas
- 1 pera
- 1 manzana
- 3 Campari
- 1 paquete de azúcar de vainilla

preparación

1. Para la macedonia de frutas con Campari, filetear el pomelo y 2 naranjas: quitar la piel, incluida la piel interior blanca, mientras se

recoge el jugo. Luego afloje los segmentos de fruta de la membrana delgada y recoja el jugo.
2. Exprime el resto de la naranja.
3. Pelar y cortar en cuartos la manzana y la pera, quitar el corazón y cortar en trozos.
4. Mezclar el jugo de naranja y pomelo, Campari y azúcar de vainilla hasta que el azúcar se haya disuelto.
5. Mezclar las frutas en un bol y verter el jugo sobre ellas.
6. Enfríe la ensalada de frutas con Campari y déjela reposar durante una hora.

81. Aderezo agridulce

ingredientes

- 2 cebollas (medianas)
- 250 ml de jugo de piña
- 100 ml de vinagre
- 3 chorritos de salsa tabasco
- 3 cucharadas de azúcar (morena)
- 3 cucharadas de mermelada de piña
- Pimienta (recién molida)

preparación

1. Pelar las cebollas para el aderezo agridulce y picarlas muy finas.
2. Derrita el azúcar con el jugo de piña a fuego medio. A continuación, agregue las cebollas y

caliente. Finalmente, agrega la salsa tabasco, la pimienta, la mermelada y el vinagre.
3. Si es necesario, diluya el aderezo agridulce con un chorrito de agua.

82. Crema de ponche de huevo

ingredientes

- 2 yemas de huevo
- 50 gramos de azúcar
- 20 g de almidón de maíz
- 100 ml de leche ((1))
- 150 ml de leche ((2))

- 1 vaina de vainilla
- 150 ml de crema espesa (nata batida baja en grasa)
- 100 ml de licor de huevo

preparación

1. Para la crema de ponche de huevo, mezcle el maíz, el azúcar, la yema de huevo y la leche en un recipiente para hornear hasta formar una crema suave.
2. En una cacerola, sacar la leche y las rebanadas a lo largo. vaina de vainilla con las semillas raspadas y dejar reposar durante 10 minutos. Luego retire la vaina de vainilla.
3. Vuelva a hervir la leche de vainilla y vierta sobre el hielo, revolviendo constantemente. Vuelva a colocar todo en la sartén y caliente, revolviendo, hasta que la crema comience a espesar. Inmediatamente vierta un colador en un recipiente adecuado y coloque una película adhesiva sobre la crema para que no se forme una piel cuando se enfríe. Dejar enfriar durante al menos 120 minutos.
4. Justo antes de servir, bata la crema batida reducida en grasa hasta que esté firme. Agregue el ponche de huevo a la crema, luego

agregue la crema batida. Rellene la crema de licor de huevo en cuencos de postre y espolvoree con un bastoncillo de nata o posiblemente fruta confitada rallada a su gusto.

83. Parfait de uvas azules con ensalada de naranja y uva

ingredientes

Perfecto:

- 500 g de uvas azules aromáticas
- 75 gramos de azúcar; dependiendo de la dulzura de las uvas
- 100 ml de zumo de naranja (recién exprimido)

- 100 g de azúcar
- 4 yemas de huevo
- 500 ml de nata montada

Ensalada de frutas:

- 200 g de uvas
- 200 g de uvas
- 2 naranjas; fileteado
- 2 cucharadas de licor de naranja
- 4 cucharadas de almendras (copos)

preparación

1. Ponga las uvas, el azúcar y el jugo de naranja en una cacerola para el parfait. Calienta mientras revuelves hasta que las uvas revienten. Triture las uvas tanto como sea posible. Pasar todo por un colador, recoger el jugo y dejar enfriar.
2. Batir las yemas con el azúcar y 50 ml de jugo de uva al baño maría caliente hasta que estén espesas y cremosas, luego batirlas en agua fría. Agregue el resto del jugo de uva. Bate la crema batida hasta que esté firme y revuélvela. Pon todo en un frasco de plástico con cierre hermético y congela por una noche.

3. Para la ensalada de frutas, enjuague, corte a la mitad y descorazone las uvas. A continuación, filetear las naranjas, recogiendo el jugo. Mezclar el jugo con el licor de naranja y marinar brevemente las mitades de uva y los filetes de naranja.
4. Para servir, coloque bolas de parfait de uvas en un plato, junto a ellas un poco de ensalada de uvas y naranjas. Espolvorea la lechuga con hojuelas de almendras tostadas.

84. Terrina de queso con nueces

ingredientes

- 100 g de nueces (picadas)
- 200 g de mascarpone
- 2 huevos
- 2 yemas de huevo

- calvados 30ml
- 50 g de zanahorias
- 2 peras
- 20 g de azúcar
- 20 ml de cereza

preparación

1. Mezclar las nueces con el mascarpone, los huevos, las yemas y los calvados y colocar en una fuente para horno. Luego hornee en el horno a 200 ° C durante una buena media hora. Para la ensalada de frutas, pela y ralla las zanahorias y las peras. Luego mezclar con azúcar y cereza. Finalmente, abre la terrina de queso y llévala a la mesa con la ensalada.

85. Ensalada de corredor

ingredientes

- 2 cucharadas de miel
- 8 mentas (hojas)
- 1/2 paquete de piñones
- azúcar en polvo
- 2 limones (el jugo de la misma)

preparación

1. Para la ensalada de nísperos, pelar y descorazonar los nísperos, cortarlos en trocitos pequeños y sazonar con un poco de miel y jugo de limón. Mezclar la mitad de los piñones.

2. Luego poner en una copa de postre. Repartir por encima los piñones restantes, espolvorear con azúcar glas y decorar la ensalada de nísperos con hojas de menta.

86. Aderezo francés

ingredientes

- 0.5 manojo de perifollo
- 0.5 manojo de estragón
- 2 hojas de apio de monte (frescas)
- 2 ramita(s) de perejil
- 1 cucharadita de sal

- 0,5 cucharadita de sal de apio
- 1 huevo (duro)
- 4 cucharadas de aceite
- 1 cucharadita de mostaza (caliente)
- 6 cucharadas de vinagre
- 1 pieza colmada de quark
- 2 cucharadas de mayonesa
- 4 cucharadas de crema batida (fresca)

preparación

1. Después de enfriar, enjuague las hierbas, pélelas toscamente y retire los tallos. Haga puré las hojas con la sal y la sal de apio hasta obtener un puré (o haga un puré con 1/2 cucharadita de perifollo seco y estragón) y una buena pizca de apio seco con perejil fresco, sal y 1 gota de agua y déjelo por 2 horas. .
2. Retire el huevo de la cáscara y forme la yema en un puré de hierbas. Agregue los ingredientes restantes. Batir todo con la batidora hasta que quede suave pero no cremoso. Cortar la clara de huevo en trozos pequeños y revolver al final.
3. Puede agregar 1 o 2 cucharadas de ketchup estilo americano si lo desea.

4. La salsa es adecuada para ensaladas de carne, ensaladas de salchichas, verduras frías como tomates, coliflor, espárragos, corazones de alcachofa, para jamón cocido y huevos duros.
5. Ensalada de apio, cocido, langostinos, aguacates, achicoria, aderezo, ensaladas de frutas, fiambres, lengua, salchichas

87. Ensalada de arenque afrutado

ingredientes

- 8 piezas de filetes de arenque (doble, ligeramente en escabeche)
- 2 naranja
- 1 PC. Mango (maduro)
- Para la marinada:
- 1 manojo de eneldo
- 1 naranja
- 1 pizca de azúcar
- pimienta
- sal
- 2 cucharadas de crema batida
- 150 g de crema fresca
- 100 ml de nata montada (batida a punto de nieve)

preparación

1. Cortar los filetes de arenque en trozos de 2-3 cm de largo.
2. Pele y corte en cuartos dos naranjas y córtelas en gajos gruesos. Pelar el mango y cortar en dados la pulpa del hueso. Aparta un poco de fruta para la guarnición. Mezcle los trozos restantes de fruta con los trozos de arenque.
3. Primero, la marinada quita las banderas de eneldo, tomando aproximadamente 2

cucharadas para la guarnición. Exprimir la naranja. Mezcle el jugo de naranja con el azúcar, la pimienta, la sal, el rábano picante y la crème fraîche. Mezcle la crema batida y finalmente agregue el eneldo.

4. Mezclar la mezcla de frutas y pescado con la marinada y dejar reposar. Adorne la ensalada de arenque con el resto de la fruta y las banderillas de eneldo antes de servir.

88. Helado con salsa de frijoles y macedonia de frutas

ingredientes

- 8 puñados de claras de huevo (o hielo picado)
- Pasta de frijol (roja)
- 250 ml de sirope de azúcar
- 3 cucharadas de cerezas amaretto (para decorar)
- Para la ensalada de frutas:
- Fruta (p. ej., durazno, fresas, como guste)
- Jugo de limon
- azúcar

preparación

1. Mezcle la pasta de frijol con el jarabe de azúcar para el helado con salsa de frijol y ensalada de frutas. Primero, vierte un poco de nieve helada en una copa de vino. A continuación, coloque una cucharada pequeña de pasta de frijoles encima y una cucharada de ensalada de frutas. Adorne con cerezas amaretto y sirva.

89. Arroz con fresas en ensalada de frutas

Ingredientes para 2 porciones

- 500 g de fruta fresca (al gusto)
- 0.5 tazas de crema batida
- 3 cucharadas de fresas Mövenpick
- 5 gotas de jugo de limón

preparación

1. Lave, pele y corte en dados la fruta, colóquela en un plato y rocíe con jugo de limón.
2. Pon el helado de fresa sobre la ensalada de frutas.
3. Adorne con crema batida y conos de helado.

90. Ensalada de frutas con aguacate y yogur

ingredientes

- 1 manzana
- 1 aguacate
- 1/2 mango
- 40 g de fresas
- 1/2 limón
- 1 cucharada de miel
- 125 g de yogur natural
- 2-3 cucharadas de rodajas de almendras

preparación

1. En primer lugar, para la ensalada de frutas con aguacate y yogur, lava la manzana y quítale el corazón y córtala en dados. Luego, quita el corazón del aguacate y el mango y córtalos también en cubos. Lava las fresas y córtalas por la mitad. Finalmente, abre el limón y extrae el jugo por la mitad.
2. Mezclar bien el yogur natural y la miel. Vierta los ingredientes cortados en un tazón más grande y agregue la mezcla de miel y yogur. La ensalada de frutas con aguacate y yogur, espolvorear con almendras y servir.

91. ensalada de frutas sencilla

ingredientes

- 1/2 papa picada
- 1/2 melón picado
- 1 manzana grande picada
- 2 plátanos
- 3 jugo de naranja

preparación

1. Lava bien todas las frutas. Si tienes dudas, lee nuestro artículo sobre desinfectar correctamente frutas y verduras.
2. Retire la cáscara de papaya y las semillas.
3. Cortar en cuadrados.

4. Retire la cáscara y las semillas del melón.
5. Cortar en cuadrados.
6. Parta los plátanos por la mitad y luego córtelos en cuadrados.
7. Exprima las naranjas para extraer el jugo, cuele para quitar las semillas y reserve.
8. Cortar la manzana y quitar sólo el corazón. Conserva el cuenco.
9. Mezcle suavemente todas las frutas excepto el plátano en un tazón grande.
10. Rocíe la mezcla con el jugo de naranja.
11. Sacar del frigorífico durante unos 30 minutos.
12. Agregue los plátanos justo antes de servir.

92. ensalada de frutas tradicional

ingredientes

- 2 cajas de fresas
- 1 en rodajas papaya sin piel ni semillas
- 5 en rodajas naranjas
- 4 manzanas
- 1 piña
- 5 plátanos picados
- 3 latas de leche condensada (puede ser sin lactosa)
- 3 cremas (pueden ser sin lactosa)

preparación

1. Lava bien las frutas.
2. Retire todas las vainas y semillas.
3. Rebana la piña y luego córtala en cubos.
4. Cortar las manzanas en cuadrados.
5. Cortar los plátanos en rodajas un poco más gruesas y reservar.
6. Cortar la papaya pelada y las semillas en rodajas.
7. Ponga todas las frutas en un tazón grande.
8. Agrega la leche condensada y la nata y remueve suavemente para que la fruta no se rompa.
9. Enfriar por 1 hora.
10. ¡Servir frío!

93. ensalada de frutas cremosa

ingredientes

- 4 manzanas
- 4 kiwis
- 3 plátanos plateados
- 1 papa grande
- 1 caja de fresas
- 1 lata de durazno en almíbar
- 1 lata de crema agria
- 1 lata de leche condensada

preparación

1. Lava todas las frutas.

2. Retire las pepitas y los huesos de las hojas de manzanas, kiwis, papayas y fresas.
3. Cortar todas las frutas en cuadrados.
4. Mezcle suavemente las frutas en un tazón.
5. Batir la nata y la leche condensada con batidora eléctrica o con ayuda de un fouet hasta obtener una pasta cremosa.
6. Agregue la pasta batida a las frutas y revuelva un poco más.
7. Añadir el melocotón en almíbar, también picado finamente. Disfrute de un poco de jarabe para agregar sabor y humedecer la ensalada.
8. Vierta el resto de la crema y la pasta de leche condensada sobre la mezcla terminada.
9. Poner en un lugar fresco y dejar reposar durante aproximadamente 1 hora.
10. ¡Sírvelo frío!

94. Ensalada de frutas con leche condensada

ingredientes

- 5 manzanas
- 5 plátanos
- 3 naranjas
- 15 uvas partidas a la mitad sin pepitas
- 1 papaya
- 1/2 melón
- 4 guayabas
- 4 peras
- 6 fresas
- 1 lata de leche condensada

preparación

1. Lava bien las frutas.
2. Reservas.
3. Retire las semillas y las vainas, los tallos y las hojas.
4. En un bol, corta todas las frutas en cuadrados.
5. Revuelva suavemente hasta que todo esté uniformemente mezclado.
6. Agregue la leche condensada y refrigere por aproximadamente 1 hora.

7. Servir frío o a temperatura ambiente.

95. Ensalada de frutas con crema agria

ingredientes

- 3 plátanos
- 4 manzanas
- 1 papa pequeña
- 2 naranjas
- 10 fresas
- 15 uvas de tu elección
- 1 lata de crema de leche (puede ser sin lactosa)
- 1/2 taza de azúcar (opcional)

- Tip adicional: puedes endulzarlo con un poco de miel si gustas.

preparación

1. Lava bien las frutas.
2. Retire las vainas y las semillas.
3. Córtalos en trozos pequeños, preferiblemente cuadrados.
4. Pon las frutas en un bol.
5. Cortar toda la fruta en trozos pequeños y reservar en un bol.
6. Bate la crema espesa (con azúcar si lo deseas) en una licuadora durante aproximadamente 1 minuto.
7. Verter la nata montada en el bol con las frutas y remover suavemente hasta que todo esté bien mezclado.
8. Colocar en un lugar fresco y servir frío.

96. Ensalada de frutas a juego

ingredientes

- 1 taza de moras
- 4 naranjas pequeñas
- 1 taza de té de fresa
- 1/2 taza de té de uva de tu elección
- 1 cucharadita de miel
- 2 cucharadas de jugo de naranja natural;
- 1/4 de bote de yogur griego

preparación

1. Desinfectar todas las frutas.
2. Retire la cáscara y las semillas (excepto las uvas).

3. Pon todas las frutas y el yogur griego en un bol.
4. Revuelva suavemente hasta que todo esté mezclado.
5. Vierta la miel sobre la ensalada de frutas y refrigere.
6. ¡Sacar y servir!

97. Ensalada de frutas gourmet

ingredientes

- 1/2 papaya
- 1/2 taza de té de fresa
- 1 naranja
- 1 manzana
- miel al gusto

Para la salsa:

- 2 cucharadas de jugo de naranja
- 1/2 bote de yogur natural integral (puede ser sin lactosa)
- 4 hojas de menta picadas

preparación

1. Después de desinfectar todas las frutas, retire la cáscara, las semillas y las hojas.
2. Cortar en cuadrados pequeños y colocar en un tazón grande.
3. En otro recipiente, combine el yogur, el jugo de naranja y las hojas de menta.
4. Vierta la salsa en el frutero, revuelva suavemente.
5. Divida la ensalada de frutas en tazones pequeños y refrigere.
6. Sirve con hojas de menta y miel para decorar.

98. Ensalada de frutas con salsa de yogur

ingredientes

- 500 g de fresas
- 2 cucharadas de azúcar
- 0.5 charantais o melón dulce
- 200 g de ciruelas, por ejemplo, azules y amarillas
- 4 cucharadas de jugo de lima (o jugo de limón)
- 1 taza (236 ml) de piña en rodajas
- 150 g de crema de yogur
- 1 paquete de azúcar de vainilla
- Posiblemente un poco de menta fresca

preparación

1. Enjuague y limpie las fresas y córtelas a la mitad o en cuartos según el tamaño. Espolvorear con azúcar en un recipiente para hornear. Cubrir y dibujar durante unos 15 minutos.
2. Descorazona el melón y córtalo en gajos. Cortar la carne de la piel. Enjuague las ciruelas y córtelas en gajos del hueso. Rocíe con jugo de lima o limón. Mezclar los ingredientes preparados.
3. Para la salsa de piña, cortar en cubos excepto 1 rodaja y triturar con el jugo. Incorpore el yogur y el azúcar de vainilla. En forma de ensalada de frutas.
4. Corta el resto de la piña en cubos. Pica la menta si quieres. Espolvorea ambos sobre la lechuga.

99. Ensalada de frutas con salsa de yogur de vainilla

ingredientes

Fruta:

- 2 manzanas
- 1 plátano
- Jugo de 1/2 limón
- 2 naranjas

Salsa:

- 1 clara de huevo
- 2 cucharadas de azúcar
- 1 vaina de vainilla
- 75 g de yogur

- 1 yema de huevo
- 100 g de nata montada

preparación

1. Corta las manzanas en gajos, rebana el plátano y rocía con el jugo de un limón. Cortar las naranjas en trozos. Distribuya la fruta de manera uniforme en cuatro platos.
2. Batir la clara de huevo a punto de nieve, espolvorear azúcar para la salsa. Vaina de vainilla. Raspe, revuelva con yogur y yema de huevo. Montar la nata montada a punto de nieve, incorporar con la clara de huevo. A la forma de la fruta.

100. Ensalada de frutas rápida

ingredientes

- 1 manzana (mediana)
- 1 plátano
- 1 puñado de uvas
- algunas fresas
- algunas cerezas (deshuesadas)
- 1 lata(s) de coctel de frutas
- limón
- Azúcar de caña (si es necesario)

preparación

1. Para la ensalada de frutas rápida, lave, corte y descorazone la fruta si es necesario. Rocíe los plátanos con jugo de limón para evitar que se doren.
2. Poner todo en un bol con el cóctel de frutas y sazonar con azúcar de caña y azúcar de vainilla.

CONCLUSIÓN

Las ensaladas de frutas deben incluirse en cualquier dieta para prevenir el cáncer y las enfermedades del corazón. Como resultado, las personas tendrán más energía para hacer ejercicio y trabajarán para reducir la cantidad de sodio y colesterol en el torrente sanguíneo. Las ensaladas de frutas son una comida saludable que se puede comer como refrigerio o como reemplazo de una comida y debe incluirse en la dieta de todos.